# A SA MAJESTÉ

# ISRAËL I$^{er}$

## ROI DE FRANCE

PAR

## P. CHEVALIER

———————

PARIS

GHIO, LIBRAIRE-ÉDITEUR

PALAIS ROYAL

—

1888

A SA MAJESTÉ

# ISRAËL I$^{ER}$

ROI DE FRANCE

# A SA MAJESTÉ

# ISRAËL I<sup>ER</sup>

## ROI DE FRANCE

PAR

## P. CHEVALIER

PARIS

GHIO, LIBRAIRE-ÉDITEUR

PALAIS ROYAL

1888

# A SA MAJESTÉ ISRAËL

## ROI DE FRANCE

—————∞∞⚬∞∞—————

Sire,

Vous savez, dit-on, être généreux avec vos familiers, soyez-le dans votre propre intérêt avec ce brave pays qui vous a émancipé.

Cessez de tirer à vous la couverture des gros sols et sachez réformer à point ; ne résistez-pas, comme nos anciens rois l'ont fait, aux réformes utiles et honnêtes. Ils appuyaient leur pouvoir sur des ressorts autrement puissants que le « capitalisme » et le « journalisme » et la révolution les a balayés !

Il est encore temps de prendre votre parti, mais il n'est que temps si vous voulez éviter une catastrophe.

P. CHEVALIER,

*75, rue de la Côte.*

Havre, le 15 juillet 1888.

Je ne suis pas de ceux qui demandent tout au gouvernement ; mais il est certain que l'action gouvernementale a dans bien des cas un effet décisif sur la fortune du pays et sur le développement de la production. Pour ne prendre qu'un exemple, la vigne est aujourd'hui sacrifiée par les traités de commerce. Personne ne me contestera l'exactitude *moyenne* des chiffres suivants :

Il faut 4,000 fr. de capital pour conduire en grande culture avec matériel vinaire un hectare planté de 3 à 4,000 pieds de vigne jusqu'au rendement, et cette somme ne comprend ni les échalas, dont on se passe dans le Midi, ni l'engrais dont on n'a pas un besoin immédiat dans les terres vierges. A partir du rendement, vous avez à compter 300 fr. de frais par hectare et par an pour l'entretien de la propriété. Nous avons donc comme intérêt du capital de premier établissement, à 5 0/0, 200 fr. par hectare et par an, plus 300 fr. d'entretien annuel, total : 500 fr. à perdre par an avant tout amortissement et bénéfice. D'après M. Bedel, la France avec 1,959,102 hectares de vignes, a fait en moyenne ces cinq dernières années 31,059,151 hectolitres de vin par an. C'est donc une production moyenne de 16 hectolitres de vin à l'hectare. Il faut donc, pour que le prix coûtant soit atteint et avant tout bénéfice et amortissement pour le producteur, que ces 16 hectolitres soient vendus 500 fr. ex-pressoir, soit 31 fr. l'hectolitre. Vous n'avez qu'à lire les journaux et les prospectus pour voir si le viticulteur réalise ce prix *moyen*. S'il ne l'atteint pas, il perd de l'argent, et si son capital est insuffisant, il fait des dettes qui vont croissant d'année en année, de sorte que la ruine est au bout de son travail.

A quoi maintenant attribuer cette baisse exagérée des prix ?

1° A l'insuffisance de notre tarif général des douanes qui taxe les vins étrangers à 4 fr. 50 par hectolitre, au tarif conventionnel ; qui les taxe à 2 fr. par hectolitre en traités de commerce, ce qui permet à l'étranger d'introduire chez nous presque sans droits le surcroît de sa production, alors que les pays plus consommateurs que producteurs nous défendent par des droits prohibitifs l'entrée de leur marché, détail dont nous ne tenons pas balance.

2° Au développement de la fabrication des vins de raisins secs, raisins qui ne payent pas à leur entrée en France un droit proportionnel et compensateur, et qui ne sont pas sous le contrôle de la régie.

3° Aux fraudes de tout genre qui permettent, notamment, de faire passer le vin de lie, le vin de seconde et troisième cuvée, la piquette faite avec de l'eau et des marcs de raisin, comme vrai vin.

Grâce à cela, le prix général des vins se trouve abaissé, parce que l'acheteur ne s'occupe pas d'aller au fond des choses et de faire la différence entre du vin de vigne et du vin fabriqué.

Il ne s'agit pas, bien entendu, d'empêcher le consommateur de boire des mélanges bon marché ; mais pour sauvegarder l'intérêt du viticulteur il faudrait au moins, sous peine d'amende et de prison, obliger le fabricant de ces liquides à les vendre sous leur vrai nom.

Si on n'avise pas, on en arrivera promptement à ruiner une des plus belles industries du pays et à n'avoir plus que du vin étranger ou du vin de chimiste. Cette situation sera d'autant plus grave que le viticulteur ne peut pas comme l'agriculteur alterner ses cultures.

La ruine des viticulteurs n'est pas seulement une ruine pour les intéressés, c'est en même temps une ruine pour le pays. Si le négociant trouve que ses affaires vont mal, il peut liquider du jour au lendemain et commencer autre chose, mais l'agriculteur ne le peut pas.

C'est ce que j'ai fait pour ma maison de coton de New-Orleans. J'ai pendant près de vingt ans demandé des réformes aux pouvoirs publics, voir les brochures et écrits que j'ai publiés (1), après que les journaux qui inséraient mes revendications ont été... désintéressés et m'ont refusé l'hospitalité de leurs colonnes.

On n'a pas voulu m'écouter ; j'ai mis la clef sous la porte de ma maison de New-Orleans et je suis parti.

C'est 15 à 20,000 balles de coton qui viendront par an de moins au Havre.

D'autres gens ont fait comme moi, mais sans dire pourquoi.

Des maisons riches ont liquidé parce qu'elles ne gagnaient plus d'argent dans l'importation et dans l'exportation ; c'est le nerf de la guerre du capital enlevé aux affaires.

Les malheureux, fatigués de brouter sur une terre in-

---

(1) Le **Drainage de l'or français.**
**France et Finances.**
**France et Réformes.**
Les Cahiers de 1889.
Questions du Jour.
**France et Justice.**

OHIO, libraire-éditeur, Palais-Royal, Paris. Prix : 1 franc.

grate et ruinés, ont liquidé parce qu'ils sont arrivés au bout de leur rouleau. C'est une perte pour la place du Havre.

Mais les agriculteurs, les viticulteurs, ne peuvent pas procéder de même ; ils ont des immeubles qu'ils sont obligés de vendre à grosse perte.

Découragés, mangés par l'usure, ils s'en vont comme des vignerons du Gers et d'Algérie l'ont fait (voir le *Petit Journal* du 2 et du 26 juin), porter à l'étranger leur activité, leur expérience et nos procédés de fabrication. C'est là un fâcheux début d'émigration.

Il ne faut pas confondre, en effet, l'émigration agricole, qui est une perte sèche pour la France, avec l'émigration commerciale qui serait un bienfait pour nous.

L'une fait perdre au pays des forces vives, l'autre nous ferait trouver des débouchés pour nos industries.

L'agriculteur se fixe à l'étranger sans esprit de retour, le commerçant, au contraire, revient le plus souvent au pays, une fois fortune faite.

L'émigration commerciale, vous ne la développerez jamais trop, l'émigration agricole serait une erreur grave, car une fois lancée vous ne l'arrêteriez plus.

Elle serait d'autant plus fâcheuse, que nous n'avons pas comme l'Allemagne un trop plein de population.

Vous dépeupleriez la France comme jadis l'Espagne s'est dépeuplée au profit du nouveau monde sans profit pour elle ; vous dépeupleriez notre France qui ne se peuple déjà que trop lentement, comparée aux autres pays.

Nos campagnards iront en Amérique, en Russie, en Serbie, en Australie, au Cap.

Ils y prospèreront parce qu'ils vendront, sans concurrence sur leur marché, leurs produits protégés par les droits de douane que vous connaissez.

Les vins en fûts payent en effet :

Aux États-Unis . . . . . F. 68 43 par hectolitre.
En Russie . . . . . . . . » 85 45 » 100 kilos, etc.

Si vous croyez que je noircis trop le tableau, je vais vous donner un argument que vous comprendrez peut-être mieux.

J'ai fondé, en bon père de famille, un vignoble en Algérie, et il n'y a eu dans cette affaire, ni part de fondateur, ni trucs généralement quelconques. Je suis dans les meilleures conditions possibles, comme terroir de bon vin, ma plantation est en rendement avec cépage de premier choix. Chaix bien compris, appareils vinaires de première marque. Questions d'agriculture, de finances et de commerce, traitées par des gens du métier. J'ai créé tout cela, c'est mon enfant, c'est vous dire que je l'aime.

Mais si les pouvoirs publics persistent dans les errements actuels du laisser-aller économique, je suis tout prêt à céder à prix coûtant, mes actions et celles de mes collaborateurs qui suivraient mon avis. J'aurai travaillé pour rien depuis cinq ans, mais j'estimerais qu'en vendant ainsi je ferais encore une bonne affaire.

Voilà, messieurs, je peux le dire sans fausse modestie, la situation d'une de nos exploitations vinicoles françaises les plus harmoniques.

Jugez d'après cela, du sort que vous préparez au petit viticulteur, qui avec des ressources limitées, subit le choc de l'avilissement de ses produits, forcé qu'il sera d'ajouter chaque année, de nouvelles dettes aux anciennes.

Mais, me direz-vous, que demandez-vous, en somme ?

1º Je demande qu'on ait pour les spiritueux, un tarif de douane égal à celui des autres pays ; je demande qu'on laisse chaque intérêt ou commerce se défendre tout seul, et qu'on ne prenne pas par exemple dans la poche de l'un, le bénéfice que l'on met dans la poche de l'autre, comme on le fait aujourd'hui avec les traités de commerce.

2º Je demande que l'agriculture et la viticulture déjà si éprouvées, n'aient pas à payer les pots cassés par la finance par exemple ; quand cette dernière, pour faciliter le payement du coupon de rente italienne veut étendre à la France et ajouter à la concurrence de l'importation des vins espagnols, la crise qui pèse aujourd'hui sur le vignoble italien par suite de la dénonciation que ces messieurs nous ont faite de notre ex-traité.

Je demande, en d'autres termes, que la France fasse comme les États pratiques, qu'elle ait un tarif général de douane au lieu d'avoir des traités de commerce.

Le tarif général est préférable aux traités et voici pourquoi.

Il y a d'abord la clause de la nation la plus favorisée insérée à perpétuité dans le traité de Francfort et qu'en ce faisant vous rendez caduque.

Vous n'êtes pas assez fort ensuite, et je ne le serais pas plus que vous, pour prévoir dans un traité de longue haleine, toutes les modifications onéreuses qui peuvent se présenter, surtout avec l'aléa de la clause de la nation la plus favorisée, tandis qu'avec un tarif général des douanes revisable du jour au lendemain vous pouvez d'un moment à l'autre changer votre fusil d'épaule, et corriger des erreurs préjudiciables à la fortune publique.

L'Amérique et l'Angleterre mettent des droits prohibitifs sur vos vins ; cette dernière puissance vous amuse et vous roule pour vos vins en bouteille, vous faites de la réciprocité.

La République Argentine met 1,26 de droits par litre sur vos vins en fût, vous taxez ses laines. Ainsi protégés, vos agriculteurs feront des laines en Afrique, en France, etc., avec des droits de douane bien établis, des primes à la culture du coton, comme la Russie l'a fait, avec un drawback (1) à l'exportation, vous créez chez vous des

---

(1) Rien de plus simple que ce drawback. Au lieu de prendre la restitution des droits à l'exportation dans la poche du contribuable, vous la prenez dans l'article lui-même.

Supposez que la laine brute, les fabriqués, vous aient donné 200 mil-

matières premières que vous allez aujourd'hui à grands frais et risques chercher dans cette Amérique qui met des droits prohibitifs sur vos articles d'échange. Vous diminuez d'autant en balance générale du commerce, comme la Russie l'a fait, le tribut, la somme d'argent que vous êtes obligés de payer chaque année au dehors.

Avec cela vous mettez en valeurs vos colonies ; ces dernières enrichies, vous les mettez en mesure d'absorber vos produits.

3° Je demande, si l'on tient absolument à faire des traités de commerce, qu'on en exclue le vin et qu'on impose à l'avenir le produit étranger, à raison, non de 4 fr. 50 en tarif général et de 2 fr. en tarif conventionnel, mais de 20 fr. les 100 kilos, les vins de toute provenance étrangère, comme l'ont fait en moyenne les États qui nous environnent. Avec cela, nous défendrons notre marché intérieur comme les autres pays défendent le leur, et cela permettra à nos producteurs contribuables de vivre.

4° Je dis que cette solution est la meilleure car au milieu des évolutions parlementaires vous n'êtes pas diplomatiquement, ni pratiquement parlant, en mesure de traiter d'égal à égal avec les autres puissances pratiques.

Vous l'avez vu avec la petite Grèce qui a la prétention

---

lions en droits : vous répartissez à la fin de l'exercice tant au Trésor, tant en primes à la culture du coton, tant en restitution au marc le kilogr. réexporté. Si vous avez des articles mélangés, laine et coton, l'exportateur touchera à la fois son quantum au kilogr. dans chaque compte laine et coton. Vous acceptez la déclaration des exportateurs ; s'il y a erreur ou fraude, vous supprimez pour le délinquant le droit de participation au compte d'exportation, vous pincez la marchandise, la caution, condamnez à l'amende, à la prison, etc., à ce taux-là, les fausses déclarations seront nulles.

Le jour où vous feriez vos articles d'importation chez vous, les douanes ne donneront plus rien, mais vous n'aurez plus à payer, ni prime à la culture ni prime à l'exportation.

Par contre ce sera quelques centaines de millions de moins, que chaque année vous aurez à payer à l'étranger dans la balance du commerce.

de taxer vos vins en fût à raison de 78 fr. les 100 kilos, alors qu'elle veut faire entrer chez vous presque sans droits ses propres produits.

Quand vous avez parlé d'élever les droits sur les raisins secs, elle vous a menacé de l'Allemagne !

Il est évident que l'Europe est diplomatiquement ameutée contre nous, grâce au génie de M. de Bismarck et grâce à ses moyens d'action sur la presse de tous les pays ; le gouvernement français n'en peut rien, mais ce n'est pas une raison ; quand on peut à la fois n'avoir rien à demander à l'étranger, et rester maître de ses tarifs chez soi, pour ne pas le faire.

Avoir un tarif général des douanes, c'est donc ne rien demander à personne, mais c'est un moyen détourné de dire à tout le monde sans froisser personne, sans être la dupe de personne :

« Voilà ma loi et mes prophètes, si ça ne vous va pas, je le regrette ; si maintenant il vous convient comme l'Italie l'a fait, de favoriser l'Allemagne à notre détriment, je prendrai des mesures de réciprocité. »

Si on ne prend pas contre vous des mesures de réciprocité, vos exportateurs sont dans les conditions de tout le monde, vous les appuierez diplomatiquement et législativement au besoin, et alors qu'ils se débrouillent, si des débouchés se ferment devant eux, ils en chercheront d'autres comme nous le faisons tous.

Mais prétendre que l'État ruine l'un pour enrichir l'autre et surtout enrichir l'étranger à notre détriment, c'est une faute économique en même temps qu'une iniquité que nous ne devrions pas emprunter au régime de Sedan.

La question du traité de commerce franco-italien, la question des viandes, mettent à vif les défectuosités de notre régime douanier.

Autrefois les douanes étaient à la fois un revenu fiscal et une protection, on ne savait pas ce que c'était que de favoriser une nation plutôt qu'une autre: c'est de Napoléon III que date le changement de ce système économique. La grande industrie passait pour être trop orléaniste et trop riche ; les Anglais manquaient de débouchés pour leur industrie ; beaucoup de gros personnages de l'entourage de l'empereur étaient vénals : il en résulta les traités de commerce.

Dans ces traités on sacrifiait d'un trait de plume tel groupe politique ou tel intérêt à tel autre, mais vous pensez bien, qu'en gens pratiques, les Anglais, par exemple, trouvèrent moyen de tirer à eux la couverture, et que nous donnâmes un bœuf pour avoir un œuf ; le pays tout entier paya cher et remboursa avec usure les pots-de-vin qui avaient facilité les négociations de ces singuliers coups d'Etat économiques. Alors comme aujourd'hui, chacun se croyant être plus malin que son voisin en se cantonnant dans son petit intérêt immédiat, personne ne bougea pour l'intérêt général ni pour celui du voisin ; résultat : comme dans la fable des dards, unis et pris ensemble on eut été fort, désunis et pris un à un, tout le monde finit par pâtir l'un après l'autre.

*<br>* *

Vous croyez peut-être, cher lecteur, que des idées si sensées ont quelque chance d'être adoptées chez nous ? Détrompez-vous ! ça ne cuira pas du premier bouillon.

La France est le pays où il naît peut-être le plus d'idées ; c'est certainement celui où les idées « aboutissent » le moins vite surtout dans les questions économiques et pratiques.

La première difficulté nous viendra du bafouillage de la chambre, la deuxième de l'ignorance des masses. Elles sentent bien que le bât les blesse ; leurs votes vous le prouvent ; elles voient que leurs charges augmentent, qu'elles vendent mal leurs produits ! Mais il faut savoir plus de choses que n'en savent généralement le vigneron et le paysan pour remonter aux causes. Il faudrait donc de l'initiative pratique de la part de ceux qui savent : travailler à faire des prosélytes par des conférences, des articles de journaux, ou des brochures libéralement répandues si la presse nous manque.

J'ai porté ma première pierre à cet édifice en adressant la lettre suivante aux chambres consultatives d'agriculture et aux comices agricoles.

« Vous n'ignorez pas comment se font chez nous les traités de commerce. Quand l'étranger veut se réserver des avantages sur nous, il profite de ce que nos hommes publics ne connaissent pas grand'chose aux affaires pratiques, et, pour achever de les dérouter, ils s'assurent moyennant des combinaisons que vous devinez, le concours de la grande presse parisienne. Les intéressés ne protestant pas, ou leurs voix se perdant faute d'organes parisiens acceptant leurs protestations, les traités sont conclus et ceux qui ne savent pas se défendre en sont victimes (1).

« Si vous croyez comme moi, en vue de l'échéance du traité avec l'Espagne, en vue de l'éventualité constamment menaçante pour la viticulture française de la conclusion d'un nouveau traité de commerce avec l'Italie ; si vous croyez, dis-je, qu'il est temps de faire partir d'en bas le mouvement de protestation des intéressés, je vous invite à vouloir bien m'aider dans cette tâche.

« Je n'ai pas un porte-monnaie assez élastique pour tenir en respect celui de la juiverie parisienne, de lord

---

(1) Il ne s'agit pas comme l'a fort justement dit M. Buffet de faire du mal aux autres, et encore moins à la chevaleresque Espagne, qu'à toute autre puissance ; il ne s'agit que de nous faire à nous-mêmes le plus de bien possible.

Salisbury, de M. de Bismarck ou de M. Crispi. Mais ce qu'un homme ne peut faire seul, l'association peut l'entreprendre ; elle peut préparer ce mouvement d'opinion presque sans frais, du moment que la charge de publicité se répartit sur tous, au lieu de ne peser que sur les épaules d'un seul. Si donc vous trouvez que ce que je dis ci-dessus mérite d'être porté à la connaissance du public vinicole, et des pouvoirs publics, je vous invite à vouloir bien le répandre autour de vous.

« Le dictionnaire Bottin vous donne, à défaut du concours des journaux, les principales adresses de votre département. Adressez-leur mon factum à défaut d'autre communications et adresses plus complètes. Vous pouvez, si vous le désirez, le faire réimprimer à l'Imprimerie du Commerce, rue de la Bourse, Havre, sauf mieux chez vos imprimeurs. Cela vous coûtera 15 fr. les 500 exemplaires et 27 fr. les 1000. Si dans chacun de nos 82 départements vinicoles de France et d'Algérie les intéressés auxquels j'adresse ma communication veulent bien suivre cette voie, nous toucherons déjà pas mal d'oreilles d'électeurs, et nous verrons alors s'il se trouvera beaucoup de " Wilson " parmi nos représentants au Sénat, à la Chambre et dans les Conseils du gouvernement ».

Combien y en a-t-il qui aient abondé dans mon sens et tenté de réagir contre l'inertie du public ? C'est ce que j'ignore.

Nous avons encore contre nous le soi-disant intérêt du pauvre consommateur ! comme si nous n'étions pas tous à la fois producteurs, consommateurs et contribuables ; comme si l'impôt des douanes n'était pas moins onéreux à supporter que beaucoup d'autres taxes que l'on paye sans murmurer ! Qu'est-ce en somme que le bénéfice que l'état retirerait des douanes, à côté du bénéfice qui tombe dans la poche de l'intermédiaire ? Citons un exemple : Pour faire une chemise il faut pour 2 fr. 50 de matière

2

première ; prix de fabrique ; une bonne ouvrière vous fait une chemise par jour, coût 4 fr. 50, or vous payez vos chemises en boutique jusqu'à 10 et 20 fr. pièce.

Ajoutez 20 0/0 de droits à la matière première, votre chemise vous coûtera 0 fr. 50 de plus. Qu'est-ce que cela à côté des 10 à 15 fr. de bénéfice de l'intermédiaire. C'est donc à diminuer ce bénéfice qu'il faut tendre pour trouver la solution du problème de la vie à bon marché. Si au lieu de cela vous ruinez le producteur contribuable, les taxes qu'il ne pourra plus payer retomberont sur vous. N'est-il pas déjà question de détaxer les vignes phylloxérées ? Et l'argent qu'on perdra de ce côté là, il faudra bien le retrouver autre part.

Nous avons aussi contre nous l'intérêt étranger dont l'objectif est de rendre la balance des échanges la moins onéreuse possible pour lui et la plus onéreuse possible pour nous. Nous avons tiré la courte paille dans cette lutte, notamment dans la question des vins. Pour s'en convaincre il suffit de comparer les tarifs de douanes des différents pays.

Nous avons contre nous la grande presse parisienne qui rayonne sur toute la France et qui marche toujours avec les gros sacs d'écus nationaux et internationaux.

Enfin, et surtout, nous avons contre nous la « juiverie » parisienne. C'est là notre plus grand et plus puissant adversaire.

Mais pourquoi, dira-t-on, la « juiverie » parisienne ne veut-elle pas que l'État s'enrichisse par les douanes, comme l'Amérique, par exemple ? Parce qu'en s'enrichissant, il payerait ses dettes, emprunterait à meilleur compte, et par conséquent payerait de moins gros intérêts aux Juifs qui détiennent une grosse part de la valeur mobilière du pays. Et alors, où ces messieurs placeraient-ils leur argent ? et par qui remplaceraient-ils un débiteur aussi loyal et corvéable que l'État de France ?

La juiverie parisienne est une puissance, on pourrait presque dire un état qui soutient ses nationaux dans le monde entier. Or l'israélite ne cultive pas la terre ; il trouve plus lucratif d'exploiter celui qui la travaille ; et comme ce petit commerce d'usure ne serait plus possible avec des producteurs enrichis, la juiverie parisienne fait acte de bonne confraternité confessionnelle en veillant à ce que le paysan français ou l'arabe d'Algérie ne puisse pas s'enrichir en travaillant la terre. Aussi longtemps qu'il manquera d'argent, il restera une proie facile pour ce public d'usuriers (1) intelligents, et intrigants.

Cette intervention du juif dans nos destinées est trop puissante. Déjà sous Louis-Philippe, il obtenait des mesures de rigueur contre un écrivain qui lui déplaisait ; sous l'Empire, lors de l'affaire du palais d'Auteuil il obtint le déplacement d'un de nos magistrats d'Alsace-Lorraine, magistrat qui voulait rendre un arrêt et non un service. Le Président de la République actuel lui a déplu dans une affaire de l'enregistrement, il fait attaquer le principe même de la présidence par des législateurs et par des journaux à sa dévotion. L'indépendance et la haute culture du Sénat lui portent ombrage ; il veut le supprimer.

Il tient le journal comme actionnaire, par le bulletin financier, les subventions, etc. Un écrivain lui déplaît-il, il achète son expulsion du journal et y fait écrire à la « père Loriquet » l'histoire des faits qui le touchent dans ses intérêts ou ses antipathies. Si vous demandez une rectification, on vous répond que l'abondance des matières ne permet pas d'insérer votre note. Nous n'en sommes plus à l'idéal, comme on le voit, du journal sacerdoce ; et je crois qu'on serait plus près de la vérité en

---

(1) On m'a cité le fait d'un Arabe qui, pour une dette initiale de 5 fr. s'était vu forcer de vendre son champ pour s'acquitter vis-à-vis de l'usurier. En moins de 2 ans les 5 fr. étaient devenus 300 fr.

disant qu'aujourd'hui trop de journaux sont de vraies maisons de tolérance, de recel et de chantage.

Quelqu'un qui pourrait mieux que moi vous renseigner à cet égard c'est par exemple M. F. de Lesseps.

La juiverie parisienne défend aux pouvoirs publics de prendre des mesures contre les emprunts étrangers qui drainent notre épargne et servent à armer l'étranger contre nous avec notre argent. Elle défend d'imposer la rente, comme les autres valeurs mobilières, parce qu'elle possède elle-même une importante portion de notre dette d'État. Elle s'oppose à ce qu'on frappe de 5 0/0 et décimes les droits de mutation sur valeurs mobilières étrangères comme on impose la terre française, parce qu'elle a de ces valeurs en portefeuille et qu'elle ne possède pas la terre.

Propriétaire d'actions dans presque toutes les lignes de chemin de fer, steamers, assurances, etc., elle a marqué de son coin financier tous ces grands facteurs de la vie publique moderne. Citons notamment les clauses dérogatoires insérées dans les polices d'assurances et qui permettent presque toujours aux compagnies de trouver des biais pour ne pas payer.

Sans autre patrie que le Moi des gros sols, et de la « bedide gommission », elle se ligue avec le prussien pour détruire notre grand arsenal financier, la Banque de France.

En 1870 la confiance dans la Banque était telle, que l'or faisait à peine 10 francs de prime par 1,000 francs.

Pendant la guerre, c'est à la Banque seule qu'on a trouvé un appui sérieux, et, après les événements, le Trésor lui a dû un moment environ 1,500 millions, pour lesquels il n'a payé que 0 fr. 60 0/0 d'intérêt et par an.

Et c'est là l'établissement qu'on veut détruire, et qu'on détruira peut-être en obtenant le concours des députés besoigneux disposés à accepter comme salaire des actions d'option dans la nouvelle création.

Voilà, chers lecteurs, les obstacles sérieux que vous trouverez sur votre route si vous voulez défendre votre avoir menacé par toute cette coalition d'intérêts juifs.

Vous voyez qu'il n'est que temps d'aviser et de serrer les coudes si vous ne voulez pas les uns après les autres devenir les serfs d'un nouveau genre de glèbe, de la glèbe du capitalisme et du journalisme à outrance, avec un chevalier de la pointe coupée comme pouvoir exécutif.

# PIÈCES ANNEXES

Un journaliste parisien m'ayant écrit qu'il se ferait un plaisir d'ouvrir les colonnes de son journal aux articles que je voudrais bien lui envoyer, je lui adressai les lignes suivantes que les gens qui sont suceptibles de s'assurer ne liront peut être pas sans profit.

## Les clauses dérogatoires des assurances.

Les assureurs français se plaignent de la concurrence acharnée que leur font les compagnies étrangères, mais il me semble qu'ils auraient un moyen très simple de mériter les préférences du public, en suivant l'exemple des confrères étrangers, au lieu de rendre de plus en plus illusoire la validité des contrats d'assurances.

Par les nombreuses réticences et clauses dérogatoires à l'objectif du contrat, que les compagnies insèrent sur leurs polices, l'assuré sans défiance quand il traite, se trouve quand il meurt, dans 99 cas sur cent, à la merci de la compagnie.

L'assuré sur la vie, à une compagnie française, ne s'appartient plus ; un drôle vous insulte, vous vous battez, vous êtes tué, l'assurance française ne paye pas et vous en êtes pour vos primes. Vous croyez avoir fait œuvre de prévoyance en vous assurant, vous n'avez légué à vos enfants que des ressources négatives, ou l'aléa d'un procès coûteux que vous êtes obligé d'aller faire à Paris, autre condition imposée par les assurances, afin d'avoir leur personnel de contentieux à portée de leur avocat.

Un phtisique meurt, la compagnie argue de fausse déclaration, réticence de sa part, et refuse de payer, bien qu'elle ait fait examiner l'assuré par son médecin.

Si vous êtes assurés à plusieurs compagnies vous avez à compter avec un syndicat organisé en vue de rechercher les « moyens » de ne pas payer.

Vous avez vous-même donné à ces messieurs les moyens de se syndiquer contre vous en signant votre police. Vous êtes en effet tenu de dire à la compagnie si vous êtes déjà assuré, où, etc., de cette façon quand un décès survient, l'entente est vite faite entre les différentes compagnies contre vos ayants droit. C'est l'agent même qui vous a fait les plus charmants raisonnements et les plus doux sourires qui fournit le prétexte au refus du payement, car il est tenu de rechercher les causes du décès et de signaler à la compagnie les biais, ce qu'on appelle en argot de palais les « moyens » de ne pas payer ou de payer le moins possible.

Rien de pareil dans les polices américaines par exemple, aucun traquenard de ce genre, vous allez, où et quand vous voulez ; vous êtes mort, on vous paye sans chicane, tout de suite, et sans la moindre difficulté.

Voilà pourquoi les compagnies étrangères font et feront de jour en jour davantage une rude concurrence aux compagnies françaises.

Si vous voulez bien m'accorder l'hospitalité de vos colonnes nous examinerons dans un prochain article la question des clauses dérogatoires insérées dans les polices feu et mer, et les risques multiples que courent dans cet ordre d'idée les trop confiants assurés, du fait de la malhonnêteté poussée souvent par les compagnies jusqu'à la dernière limite de la légalité.

RÉPONSE DU JOURNAL

L'article que vous me faites l'honneur de m'adresser n'a rien de contraire à l'esprit du journal, où tant qu'on ne fait ni politique ni personnalités, tout peut être dit. Cependant je me vois dans la nécessité de vous le retourner vu l'abondance des matières m'arrivant en ce moment de tous les côtés. Je vous avais dit, il est vrai, que les articles peu longs pourraient passer à votre gré dans le X... Aussi est-ce absolument pour ne pas me dégager à si peu de distance que j'ai publié votre dernier malgré sa *longueur* (?) ; je vais vous parler franchement.

Si c'est dans l'unique but de me fournir de la copie que vous voulez bien m'envoyer des articles, je vous en remercie bien sincèrement ; mais j'ai des raisons pour préférer combler mes remplissages avec des morceaux littéraires, si, au contraire vous poursuivez tout autre objectif, faites un petit supplément de sacrifice en accompagnant chaque article d'un mandat-poste de dix francs pour frais de composition. Je comprends que c'est raide de collaborer à un journal, et de se voir réclamer encore par surcroît, une contribution pécuniaire, mais je vous prie de croire, cher monsieur, qu'en agissant tout autrement il me serait préjudiciable d'accepter vos intéressants articles. Je n'en reste pas moins à votre disposition pour tel service exceptionnel dont vous pourriez avoir besoin, et vous envoie mes salutations empressées.

*Signé :* Le directeur du journal, X...

# Protéction et libre-échánge.

Un excellent journal de Paris généralement libre échangiste (le *Petit journal*, pour ne pas le nommer), publie l'article suivant sous la date du 13 juillet 1888.

### CHACUN CHEZ SOI

« M. le baron Worms, sous-secrétaire d'État au ministère du commerce, en Angleterre, vient d'entreprendre un voyage sur le continent, à l'effet d'étudier, dit-on, la législation intérieure des différents États qui produisent du sucre, et amener ces États à modifier leur législation de façon à la mettre en harmonie avec les propositions du cabinet anglais qui demande la suppression de toutes les primes, de quelque nature qu'elles soient.

« S'il faut en croire, même, ce qui a été rapporté, le gouvernement anglais se proposerait de prohiber l'importation en Angleterre, à partir du 14 août, de tous les sucres qui jouiraient de primes quelconques dans leur pays d'origine. Tel est le sens du moins de la proposition qu'il aurait faite à la conférence tenue récemment à Londres, nous pourrions dire plus justement *ultimatum*.

« Or, il paraît que le gouvernement britannique a la prétention de considérer comme constituant une prime en faveur des producteurs de sucre français les dispositions de la loi de 1884, modifiée en 1887, et actuellement encore en délibération devant le Sénat.

« L'on sait que, en vertu de cette loi, l'impôt est perçu sur le poids de la betterave, d'après un rendement déterminé et qui va croissant chaque année, rendement au-dessus duquel les fabricants ne doivent rien, mais sur lequel l'impôt est dû, quand même il ne serait pas atteint.

« Cette loi a permis à notre sucrerie indigène de vivre, de faire de réels progrès, sans charge pour le consommateur, puisque le sucre est aujourd'hui moins cher qu'il ne l'était en 1884. En tous cas, l'aléa auquel sont soumis les fabricants en cas de mauvaise récolte ne permet pas de considérer cette loi comme attribuant des primes à la fabrication.

« Ce que veulent les Anglais est bien simple, c'est la suite d'une tactique employée déjà par ces prétendus libéraux pour prohiber nos sucres à l'entrée en Angleterre.

« Et pourquoi? La raison en est simple : Les Anglais possèdent des colonies qui produisent du sucre. Or, moins l'Angleterre recevra de sucre européen, plus ses propres colonies lui en pourront envoyer. C'est donc une question de protection, une mesure protectionniste qui est en jeu véritablement, sous couleur de mesure libérale. Les Anglais excellent à ce jeu.

« Mais nous espérons que notre gouvernement ne s'y laissera pas prendre, qu'il ne bouleversera pas, pour favoriser les intérêts anglais, une législation qui commence à peine à produire ses fruits et dont la suppression amènerait la ruine de notre sucrerie indigène, ce qui comblerait de joie les Anglais et les Allemands.

« Quant à prohiber nos sucres, comme on semble nous en menacer, nous pensons que ce sera là, pour les Anglais, une mesure grave et qu'ils y regarderont à deux fois avant de la mettre à exécution.

« Mais en tous cas, ce qu'aucun gouvernement ne saurait tolérer, c'est qu'ils viennent demander la réforme de notre législation intérieure, sous prétexte d'échanges internationaux. Aujourd'hui c'est pour les sucres; demain ce sera pour la marine marchande; un autre jour, pour les bouilleurs de cru. Nous le répétons, cela n'est -pas admissible, et nous espérons que notre gouvernement résistera, comme il convient à ces étonnantes prétentions. »

*<br>* *

Il est bon de dire, que « un droit de douane de 67 fr. par 100 kilog. protège l'industrie du sucre en France pour gradation à moins de 98 00 et 72 fr. 50 par 100 kilog. pour gradation à plus de 98 0/0 ».

Le sucre des colonies françaises paye 50 fr. par 100 k.

Pourquoi cette faveur contre nos nationaux, pourquoi des droits de douane entre France et Colonies ?

La prime dont se plaignent les anglais, le drawback, est représentée sous la forme de faculté d'exporter à la décharge du compte d'admission temporaire et d'obtenir des certificats n° 7.

Voilà donc un article qui est protégé non seulement contre l'étranger, mais contre nos propres nationaux des colonies.

L'exportation est primée, et pour d'autres articles par contre, comme les céréales, comme le vin, non seulement nous ne sommes pas primés à l'exportation, mais nous sommes livrés sans défense à l'importation étrangère, on dit que tous les Français sont égaux devant la loi et devant les charges, et messieurs les journalistes trouvent cela tout simple, quand il s'agit du sucre, mais ils nous traitent en vils protectionnistes quand nous demandons non pas une prime à l'exportation mais un modeste droit de 20 fr. des 100 kilog. sur le vin étranger. Mystère ou bêtise ! que le syndicat du sucre pourrait peut-être nous expliquer?

# Statistique officielle.

Le résultat de l'enquête de 1882 qui vient d'être publié par les soins du ministère de l'Agriculture résume les faits suivants :

Pendant la période décennale de 1872 à 1882 le produit brut de l'agriculture française « céréales, vignes, viandes, laiteries, etc. » était annuellement de :

Fr. 13.461.000   En défalquant de ce chiffre les charges de la culture, mains-d'œuvre, loyer, intérêt d'argent, frais généraux s'élevant à

Fr. 12.306.000   Il restait donc pour la période, année moyenne jusqu'en 1882 un bénéfice annuel de

Fr.   1.155.000

Je crois qu'il n'est pas exagéré de dire que les principaux produits de l'agriculture ont baissé depuis lors de 20 0/0 en moyenne, les charges de la culture étant restées les mêmes, nous n'avons donc plus qu'un produit brut de 10,769,000 fr. au lieu de 13,461,000 fr., moyenne d'avant 1882.

Il s'ensuit donc qu'au lieu de s'enrichir chaque année comme précédemment de 1,155,000 fr. notre agriculture doit prendre chaque année sur son capital et sur l'épargne 1,537,000.

Ce n'est pas là, comme on le voit, une crise passagère. C'est un état de choses permanent qui durera si on n'y apporte un remède énergique et aussi immédiat que le permettent les traités de commerce.

Il n'y a pas à chercher ailleurs les causes de la crise industrielle.

# DROITS DE DOUANE



## *Allemagne.*

| | | |
|---|---|---|
| Vins en fûts...................... | 30 fr. | les 100 kilos. |
| — bouteilles ................. | » | — |
| 1° Mousseux....................... | 100 » | — |
| 2° Autres.......................... | 60 » | — |
| Eaux-de-vie, spiritueux et liqueurs en fûts et en bouteilles............... | 100 » | — |

## *Angleterre.*

| | | |
|---|---|---|
| Vins blancs, rouges et lies de vins contenant moins de 14°,9 d'alcool..... | 27.50 | l'hectolitre. |
| Contenant moins de 24 degrés....... | 68.76 | — |
| Pour chaque degré au-dessus de 24 degrés, droit additionnel............. | 6.87 | — |
| Eaux-de-vie, spiritueux et liqueurs de toutes sortes, autres que spiritueux parfumés......................... | 283.96 | l'h. d'alcool pur. |
| Liqueurs, cordiaux et autres préparations contenant des spiritueux importés en bouteilles et dont la force, d'après la déclaration, ne doit pas être vérifiée............. | 384.72 | l'hectolitre. |

*Nota.* — Le vermouth paie le droit en raison de l'alcool qu'il contient et non comme vin.

## *Autriche.*

| | | |
|---|---|---|
| Alcool et eaux-de-vie de toutes sortes, même dénaturés.................. | 60 fr. | les 100 kilos. |
| Liqueurs, essence de punch et autres liqueurs édulcorées, Arack, Rhum. | 100 » | — |
| Vin en fûts et en bouteilles........ | 50 » | — |
| Vins mousseux..................... | 100 » | — |

## *Belgique.*

Les vins en fûts et en bouteilles ont à payer seulement le droit d'accise fixé à 23 francs l'hectolitre.

Les vins contenant plus de 18 %, d'alcool acquittent outre le droit afférent aux vins, le droit afférent à l'alcool, en raison de la quantité excédant 18 %.

Eaux-de-vie  de  toute  espèce  à 50
   degrés ou moins, en cercles....... 100 fr. l'hectolitre.
Pour chaque degré en plus..........    2  »      —
Eaux-de-vie  et  liqueurs  en  bouteilles, sans distinction de degré...... 200  »      —

## *Brésil.*

Vins  mousseux, blancs et rouges, sans  distinction  de qualité, en fûts, vins de  liqueurs et vins  secs ordinaires ou de table, liquides  et  boissons  alcooliques: absinthe, kirsch, rhum, genièvre, etc. 40 % de la valeur officielle.

Liqueurs ordinaires ou sucrées de toutes sortes, 30 % de la valeur officielle.

Les vins en bouteilles ou autres récipients en  verre ou en grès paient 50 % en plus des droits qui correspondent à leur qualité.

Cette disposition ne s'applique pas aux vins  mousseux.

Dans la taxe  des vins  en pièces est compris le droit d'entrée des fûts.

Le droit sur les liquides alcooliques est  perçu d'après le degré d'alcool pur, qui est calculé d'après l'alcoomètre de Gay-Lussac.

Les liqueurs et  liquides alcooliques importés en  cruchons acquittent en outre 25 %.

Les liqueurs et  liquides alcooliques en  bouteilles, ou autres récipients en verre ou en grès, acquittent 50 % en plus de la taxe qui correspond à leur qualité.

## Buenos-Ayres et République Argentine.

Vins ordinaires en fûts.................. 0.35 le litre.
Vins fins en fûts....................... 1.26 —
Vins de toutes sortes, en bouteilles....... 1.26 —
Alcool en fûts, 30 degrés et au-dessous.... 0.86 —
Alcool et liqueurs en bouteilles ne conte-
nant pas plus d'un litre : 30 degrés et
au-dessous......................... ...... 1.26 la bouteille.

Les alcools et les liqueurs qui pèseront plus de 30 degrés paieront en proportion.

## Danemark.

Vins en cercles, 19 centimes le kilogramme ; et en bouteilles, 48 centimes le litre.

Depuis 1865, un impôt de guerre de 50 % a augmenté ces droits.

## Espagne.

Vins mousseux..................... 5 fr. l'hectolitre.
— autres..................... 2 » —
Eaux-de-vie..................... 17.35 —
Droit transitoire..................... 3.75 —
Liqueurs..................... 0.76 le litre.

## États-Unis.

Vins mousseux, Champagne et autres
*en bouteilles* contenant chacune pas
plus de 0 lit. 946 et plus de 0 lit. 473.. 36.26 les 12 bouteilles.
Id., contenant chacune pas
plus de 0 lit. 473 et plus de 0 lit. 236. 18.13 —
Id., contenant 0 lit. 236 ou
moins......................... 9.06 —
Et sur l'excédent de 0 lit. 946, un
droit additionnel calculé à raison
de......................... 307.93 l'hectolitre.

Vins non mousseux en fûts.......... 68.43 l'hectolitre.
   —      — en bouteilles, par
caisse de 12 bouteilles ou de 21 de-
mi-bouteilles ne contenant pas plus
de 0 lit. 946 les premières et 0 lit.
473 les secondes................. 8.29 —
Eaux-de-vie et autres spiritueux quelconques......................... 273.72 —

Nota. — Tout vin importé et contenant plus de 24 0/0 d'alcool sera confisqué au profit des États-Unis.

Le vermouth acquitte les mêmes droits que les vins non mousseux.

Les eaux-de-vie ou boissons spiritueuses expédiées dans des fûts d'une capacité inférieure à 52 litres 99 seront confisquées.

*Gibraltar.*

Spiritueux ...................... 110.05 l'hectolitre.
Vins en fûts.................. ... 6.88 —
Vins en bouteilles.............. 0.625 la douzaine.

*Grèce.*

Vins en fûts..................... 78 fr. les 100 kilos.
— en bouteilles, ordinaires......... 117 » —
—       — mousseux......... 195 » —
Alcool et liqueurs alcooliques au-dessus de 70 degrés de l'aréomètre cen-
tigrade............................ 76.39 l'hectolitre.
Au-dessous de 70 degrés.... ....... 53.47 —

La *tare* accordée par la douane grecque est de 20 0/0.

Les vins importés paient, en outre, 22 centimes par ocque. L'ocque équivaut à 1 kilo 280.

Il faut ajouter que le gouvernement grec exige le paiement des droits de douane en *or* ou *argent*. Dans le cas où le paiement serait effectué en papier, un supplément de 15 0/0 est exigé.

## Mexique.

Vin rouge ou blanc de toutes sortes, en
contenant de verre ou de bois, sans bonifi-
cation pour déchet ni casse................ 1.09  le  kilo.
Eaux-de-vie de toutes sortes  id.,  id...... 4.07    —
Liqueurs de toutes sortes     id.,  id...... 2.17    —
Alcool ou esprit de vin.:.................. 5.09    —

## Norwège.

Vins de toutes sortes en cercles et en
  bouteilles ......................... 16 fr. l'hectolitre ou
                                    0.16 le litre.
Eaux-de-vie de toutes sortes en bouteilles, quel que soit le degré.......... 1.87    —
En autre emballage, les 100 degrés.... 2.50 le kilo.

Le droit est réduit, pour chaque demi-degré en moins,
dans la proportion de 0 fr. 0167 à 0 fr. 0104 par kilogramme.

## Pays-Bas.

Le vin est exempt de tout droit de douane,
  mais il acquitte un droit d'accise de  42.40 l'hectolitre.
Si le vin contient plus de 21 % d'alcool,
  l'accise des liquides alcooliques est
  due en outre pour ce surplus d'alcool.
Liquides alcooliques comprenant, outre
  les liquides mélangés à base d'alcool,
  obtenus par la distillation, les liqueurs, les bitters et autres boissons
  analogues........................... 7.42    —
Le droit d'accise sur les liquides alcooliques est de...................... 127.20    —

### Pérou.

Vins, eaux-de-vie et liqueurs............  70 % de la valeur.

### Russie.

Rack, rhum, eaux-de-vie de France et
  eaux-de-vie de prunes, en fûts et barils.  268 fr. 61 les 100 kil.
Esprits et eaux-de-vie de grains en
  bouteilles, liqueurs, kirsch (eaux-de-vie
  de noyaux et de cerises), genièvre ou
  gin, infusions spiritueuses, ainsi que
  cognac et eau-de-vie de prunes en
  bouteilles : la bouteille...............   3. »   —

NOTA. — 1° Les récipients de verre taillé en facettes
ou polis paient séparément ; 2° l'importation en futailles
et autres récipients des eaux-de-vie de grains de toutes
sortes est prohibée.

Vins de toute espèce, en fûts, brut.......  85 fr. 47 les 100 kil.
Vins mousseux en bouteilles, la bouteille.   5 »   —
Vins non mousseux, la bouteille..........    2 »   —

### Suisse.

Vins en tonneaux, bouteilles ou cruchons,
  y compris le vermouth...............    3 fr. 60 le quintal.
Liqueurs en tonneaux, bouteilles, cru-
  chons, savoir : alcool, esprit-de-vin,
  eau-de-vie et autres boissons spiritueuses, telles que : cognac, rhum, arack,
  ne rentrant pas parmi les liqueurs,
  c'est-à-dire ni aromatisées, ni sucrées,
  en tonneaux, 0 fr. 20 par degré centési-
  mal d'alcool pur mesuré à l'alcoomètre
  de Gay-Lussac.

Alcool, esprit-de-vin, eau-de-vie, etc.,
en bouteilles ou cruchons, sans dis-
tinction de degré de force............  16 fr. le quintal.

### *Uruguay.*

Vins de toute espèce en fûts ou en bou-
teilles..............................  37 % de la valeur,
plus droit additionnel de 4 %.
Eaux-de-vie, cognac, spiritueux........  37 % + 9 %.

### *Turquie.*

Vins et liqueurs.. ...................  8 % de la valeur.

# Cherchez le Juif.

Trouvant absurde que nous armions et outillions économiquement l'Italie et l'Autriche contre nous avec notre argent, trouvant absurde que le propriétaire d'immeuble français paye une plus forte quantité d'impôt (succession et droits de mutation), que celui qui place son argent à l'étranger, j'ai, après avoir bien pesé le pour et le contre de la question, concentré mes idées dans le projet de loi suivant, expliqué tout au long dans les brochures que, depuis 1880, j'ai fait paraître (Ghio, libraire-éditeur, Palais-Royal, Paris), brochures qui peuvent être rééditées par n'importe qui, puisque l'éditeur et moi, nous l'avons autorisé (voir la couverture desdites brochures). J'ai stipulé cela pour éviter qu'un éteignoir d'or vienne se poser sur l'idée et l'arrête dans son développement.

ARTICLE 1er. — *Tous vendeurs ou intermédiaires de valeurs agissant isolément ou en syndicat qui trafiqueront, à quelque titre que ce soit, d'emprunts de villes ou d'États étrangers, d'actions, d'obligations ou de parts étrangères pour compte de collectivités ou individus n'ayant pas leur siège social en France, seront solidairement responsables des engagements stipulés, sauf déclaration contraire dûment enregistrée.*

ART. 2. — *Le coût de cet acte en non responsabilité donnera lieu à la perception d'un droit de 5 0/0 et décimes sur le capital (droits équivalents à ceux que nous payons en France par mutation d'immeubles français).*

ART. 3. — *Les valeurs créées avant la promulgation de la présente loi ne tomberont pas sous le coup des dispositions qui précèdent. Celles-ci ne seront également pas applicables à la lettre de change.*

Cette dernière clause écarterait des erreurs éventuelles de jurisprudence, comme nous en avons vu bien des exemples dans le cas de l'exception de jeu et dans l'application de l'article 1965 du Code civil aux affaires réelles.

ART. 4. — *La loi de finances fera connaître, chaque année, les valeurs étrangères auxquelles, par exception, ne s'appliquerait pas la présente loi.*

M. de Bismarck a profité de mon idée comme vous le savez; vous avez pu le voir par la campagne qu'il mène contre les fonds russes.

Je me trouve donc un jour chez un ami commun, quand arrive M. le député X.

L'ami commun qui s'intéressait à ma campagne, nous met aux prises, le député et moi.

Je l'entends encore me dire : « la spéculation c'est le « plus actif agent placier, tuez la spéculation et vous « restreignez à un infiniment petit le classement des em- « prunts étrangers que nous État, nous n'avons pas inté- « rêt à favoriser; mais c'est, continue mon interlocuteur, « l'histoire de l'œuf de Christophe Colomb que vous ré- « éditez-là ? mais c'est un vrai coup de génie, Monsieur, et « je fais mon affaire de votre idée, je vous la vole ! »

Je sais, Monsieur, lui répondis-je, que si j'étais Anglais ou Américain ou même Prussien, je serais favorisé d'un siège héréditaire à la chambre des lords, ou tout au moins d'une dotation, pour avoir trouvé le premier, un moyen pratique de sauvegarder notre arsenal financier, mais en France les choses ne se passent pas de même. On commence par me « blaguer », à rire de « réformes en chambre »..., bref, je marche de l'avant sans m'arrêter à ces détails et je vous trouve. Je suis Alsacien, c'est-à-dire le caniche de mon pays, prenez mon idée, faites-la vôtre, je rentre dans le rang. J'ai réussi, mes laborieux efforts sont récompensés, ça suffit à mon bonheur, et mon travail a toujours jusqu'à présent suffi à mes besoins,

. . . . . . . . . . . . . . . . . . . . . . . . . . . . . . .

Hélas! l'affaire fut enterrée comme tant d'autres, et si les mauvaises langues ont raison, M. X..., ex-député, a aujourd'hui 100,000 francs de plus dans son escarcelle, et le pays court encore!...

Combien, chers lecteurs, avons-nous de MM. X... à la Chambre des députés, qui a l'initiative, en matière de finances ? Demandez par exemple à vos mandataires leur opinion sur la question des emprunts étrangers : leur réponse évasive, embarrassée, vous amènera à la conclusion, qu'il serait plus profitable au pays de les payer cher, mais de les avoir indépendants et intelligents. Vous arriverez à cette autre conclusion, que ce n'est pas l'habit, le recrutement du Sénat qu'il faut changer, mais bien le moine, c'est-à-dire l'esprit et le souffle de la Chambre des députés qu'il faut améliorer, si nous voulons être une grande puissance réellement indépendante.

Vous conclurez de même, que le péril est grand, car je ne dispose pas, comme le *Petit Journal*, de 3,000,000 d'oreilles de lecteurs, et je ne peux pas, avec mes seuls efforts, provoquer un mouvement d'opinion, capable de conduire à bonne fin ma campagne jusque dans les couches profondes du pays qui ne comprennent pas l'importance de ces questions.

Il faudrait que nous nous y mettions tous, que vous rayonniez de votre influence autour de vous, chacun dans sa sphère.

Nous aiderez-vous, cher lecteur. Ah ! quels beaux jours verrait encore notre vieille France, si nous étions administrés par des gens qui aiment réellement leur pays, et par des gens à même de comprendre ses besoins !

HAVRE. — IMPRIMERIE DU COMMERCE, 3, RUE DE LA BOURSE.